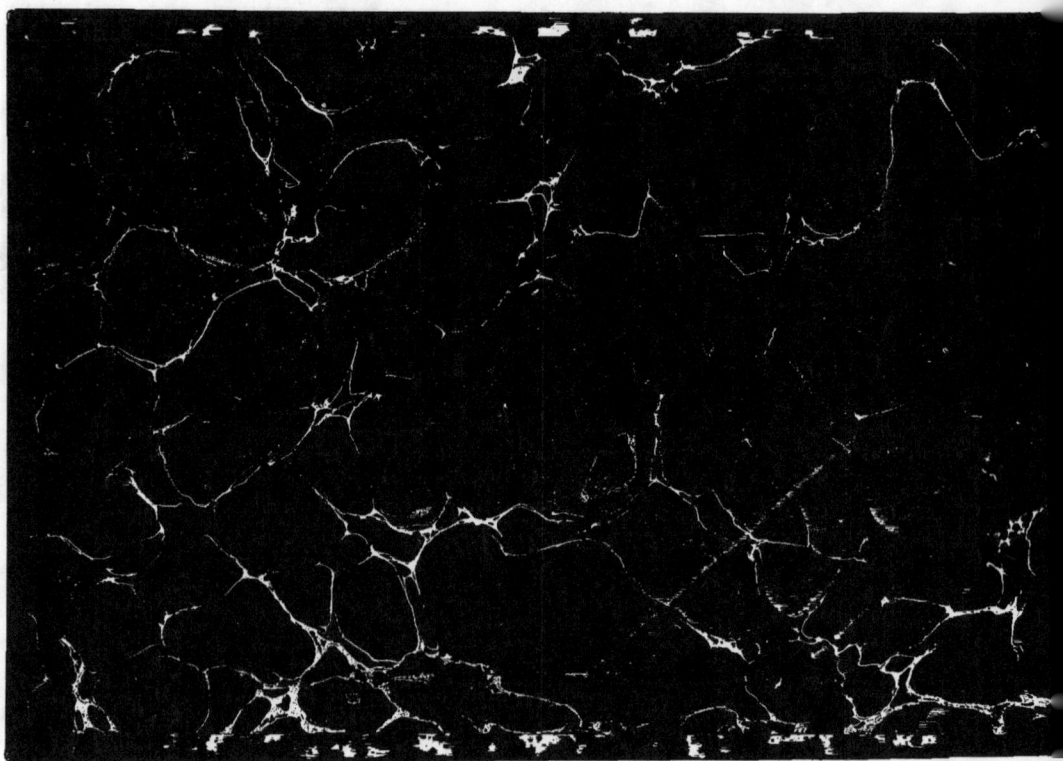

GUIDE RELIGIEUX ET PITTORESQUE

DU PÈLERIN

A LA LOUVESC

CONTENANT

UNE NOTICE PAR M. EUGÈNE BONNEFOUS

RÉDACTEUR EN CHEF DE L'ALLOBROGE

QUINZE DESSINS ET UNE CARTE GÉOGRAPHIQUE LITHOGRAPHIÉS

PAR M. V. CASSIEN.

————◦◉◦————

GRENOBLE
IMPRIMERIE DE PRUDHOMME, RUE LAFAYETTE, 13.
——
1841.

PÈLERINAGE A LA LOUVESC.

Parmi les provinces de la France méridionale où se trouvent des richesses historiques et saintes, il en est peu d'aussi favorisées que l'ancienne province du Vivarais ; cette vieille terre conserve, le long de ses montagnes et de ses vallées, de précieux souvenirs de la foi catholique. Il en est un surtout, sur ces côtes solitaires, dont la célébrité attirera longtemps les dévotions et lui vaudra des visites de plusieurs pays éloignés ; c'est LA LOUVESC que fait vénérer le dépôt des reliques de saint François Régis.

A l'origine du christianisme, comme dans les siècles derniers, la foi se réfugiait dans les lieux arides et déserts ; c'était un foyer adoré pour la religion et pour la poésie.

Dans la partie nord du département de l'Ardèche, où la nature a prodigué les spectacles les plus sombres, où s'élèvent de hautes montagnes dont les draperies ne sont composées que des attributs lugubres et majestueux de sa sévérité, est située la Louvesc; ce lieu était, dans les douzième et treizième siècles, couvert d'une forêt immense de sapins qui s'étendait sur toute la partie du haut Vivarais. Les bois épais n'étaient traversés par aucune route, quelques sentiers étroits et rapides longeaient ces côtes escarpées, serpentant aux flancs des montagnes et se jouant des difficultés du terrain ; toutefois, un chemin plus large, mais aussi difficile, existait depuis Annonay jusqu'à Notre-Dame-du-Puy, traversant les quelques maisons où se trouve aujourd'hui le bourg de Satilleu, et cotoyant un ravin qui prend sa source à la Louvesc. « Là, dit la chronique, s'élevait, vers la fin du treizième siècle, une petite tourelle bâtie par la maison de Roussillon ; elle était le rendez-vous des nobles chevaliers qui se livraient aux plaisirs et aux fatigues de la chasse aux loups, hôtes nombreux de ces immenses forêts. Plus tard, elle devint la résidence d'un officier qui régissait les terres considérables possédées alors par cette maison, sur la rive droite du Rhône et dépendantes de la seigneurie d'Annonay. Au commencement du quatorzième siècle, c'était la demeure de Jean de la Louvesc, *personnage de condition*, dit le père Grepct, *faisant profession de jurisprudence, estant juge de toutes les terres du seigneur d'Annonay, Guillaume de Roussillon, et son intendant.* »

Jean épousa en 1338 Guillemette Bertrand, nièce des cardinaux Bertrand, et fille de Guillaume et d'Agnès de Malatour. Ce mariage fit la fortune de la maison de la Louvesc. Feudataire de Guillaume de Roussillon, Jean agrandit la tourelle de la Louvesc; quelques vassaux, pour se trouver sous sa protection, se construisirent des cabanes autour du manoir seigneurial, et peu à peu se forma le bourg de la Louvesc. Aujourd'hui c'est un village assez important, qui doit surtout son accroissement à la célébrité de l'homme saint dont il conserve précieusement les reliques. — On y parvient par trois routes différentes : celle d'Annonay est agréable, la variété et les accidents du pays la font trouver moins longue, et préparent, par gradation, au but de la course. On traverse *Satilleu*, gros bourg auquel sa double rangée de maisons qui bordent le chemin, et sa petite église donnent un aspect qui n'est pas sans charmes. A quelque distance de là, le site devient sauvage, on monte continuellement jusqu'à la Louvesc en suivant le ruisseau de l'Ay qui, toujours vagabond et capricieux, empiète sur le terrain des deux rives.

La route du Puy présente constamment des contrastes de température et de végétation ; c'est une contrée à la fois sauvage, riante et belle. Quand on a vu les plaines brûlantes de la Provence, les bords accidentés du Rhône, les rives toujours fleuries de la Loire et de la Garonne, on trouve une admirable diversion dans le spectacle que présente cette nature qui est tantôt sauvage, tantôt parée de toutes ses grâces. Au pied des montagnes s'étendent de riants vallons ; près des roches arides s'élèvent d'épaisses forêts ; à côté de vieilles tours de manoirs crénelés, la flèche d'une église soutient dans les airs la modeste croix de fer que le montagnard salue de loin en récitant dévotement sa prière ; ailleurs, l'aspect riant d'un village dont les maisons sont suspendues, comme autant de chalets, aux flancs de la montagne : telle est la physionomie du pays que l'on parcourt, en se rendant du Puy à la Louvesc ; on rencontre d'abord le bourg de *Montfaucon* dont la position est pittoresque, puis

vient *Saint-Bonnet-le-Froid*, seul être vivant au milieu de ce paysage si grandiosement sauvage ;
des masses de pins se montrent çà et là comme pour égayer ce triste spectacle. En approchant de la
Louvesc, la route forme mille détours ; de tous côtés, on voit des montagnes couvertes de sapins.
—Oh ! combien est imposant le tableau de ces belles et majestueuses forêts ! combien est solennel le
silence qui y règne ! Tout excite un saint frémissement ; le murmure du torrent qui retentit au loin
et semble se perdre dans le mystère de ces arbres séculaires ; le bruissement de la chevelure triste
des sapins ; toute cette vague harmonie, prestige puissant des lieux solitaires ; le calme des bois,
le parfum des fleurs que Dieu a semées dans le désert, comme il a mis l'espérance dans le cœur des
malheureux ; toutes ces grandeurs d'une nature si belle, dans sa sublime tristesse, remplissent
l'âme d'émotions inconnues. Ainsi l'on arrive à la Louvesc.

La route de Tournon offre une grande variété d'accidents dont l'ensemble harmonieux dispose au
recueillement. Après avoir parcouru une gorge où la nature a jeté ses richesses avec profusion, on
arrive au *grand pont*, construction hardie sous laquelle coulent paisiblement les eaux du *Doux*, dont
la forme des rives a vaincu l'impétuosité ; à partir de ce point, on gravit une côte serpentant sur le
flanc de monts sauvages. De ce sommet culminant, l'imagination et la vue sont subitement frappées
du magnifique panorama qui se déploie dans toute l'étendue de l'horizon ; c'est un amphithéâtre
de montagnes qui se dressent au loin ; c'est le Rhône qui roule ses flots bleus comme le ciel dont il
réfléchit l'azur ; c'est la jolie et coquette ville de Tain qui se mire dans le cristal de ses eaux ; ce sont

les coteaux de l'Hermitage où ruissellent ces vins si estimés ; c'est, enfin, l'ensemble de ces grandes scènes de la nature qui font qu'en leur présence on s'agenouille avec le sentiment d'une foi consolatrice..., et qu'on s'écrie : — Quelle est donc votre puissance, mon Dieu ! et qui pourra jamais deviner le mystère de toutes ces créations?—Le chemin qui conduit à *Crémolière* est facile et toujours plat ; puis, on monte jusqu'à *Saint-Victor*, halte des pèlerins. Ce village est très-élevé ; on y voit sa petite église dont le cimetière est à l'entrée, comme pour rappeler que Dieu est placé entre le monde et l'éternité. En quittant *Saint-Victor*, on traverse une plaine unie, fertile, bordée de coteaux.......... *Saint-Félicien* est devant vous ! Abrité du vent du nord, ce village est agréablement situé ; autour de son église que surmonte un modeste clocher, se groupent plusieurs jolies maisons. A peine s'est-on éloigné de ce vallon riant, que l'aspect du pays change ; on passe graduellement par toutes les transitions d'une localité fortement accidentée ; les montagnes commencent à profiler leurs groupes rougeâtres, incultes ; on voit quelques pins qui semblent se serrer les uns contre les autres pour se défendre mutuellement de l'aridité environnante ; la solitude commence......... On aperçoit déjà, vers la Louvesc, la zone de sapins qui, sur la pente des monts, tracent au loin une écharpe noire ; déjà, on trouve, à de petites distances, de modestes croix que l'on dirait avoir été posées çà et là comme des jalons d'espoir sur la route du pèlerin.

On arrive à la Louvesc qui est assise sur un plateau aride qu'entoure la verdure triste des sapins.

On est saisi d'un saint respect à la vue de ce village situé au milieu de ces âpres solitudes ; la nature s'y montre dans toute sa sublimité. La Louvesc possède quelques jolies maisons ; la croix de son clocher, qui s'aperçoit de loin, s'offre comme un signe de salut placé entre le ciel et la terre. Il y a, à la Louvesc, des religieuses de l'ordre de Saint-Régis qui sanctifient ce séjour par le spectacle de toutes les vertus : innocentes filles, pures comme l'air qu'elles respirent, elles y murmurent une prière sans fin qu'un écho infatigable comme elles, et harmonieux comme leurs douces voix, répète sous les voûtes de l'humble église de la Louvesc. C'est aussi l'asile de plusieurs hommes de piété et de dévouement religieux, qui répandent dans tout le pays les consolations et les lumières de la foi : graves comme toutes les pensées religieuses, ils accomplissent leur sainte mission avec un zèle infatigable et une modestie toute chrétienne, douce vertu de l'apostolat.

De toutes les vieilles chapelles éparses dans nos pays méridionaux, celle qui possède les cendres de saint François-Régis est l'une des plus vénérées. Quand vient le mois de juin, toutes les bourgades des départements voisins se mettent en marche pour aller s'agenouiller, pieds nus et le rosaire à la main, dans la chapelle de la Louvesc ; c'est un spectacle touchant que de voir, à travers les côtes escarpées, ces processions matinales, ces groupes pieux qui vont au pèlerinage. Les vieillards qui ne peuvent accomplir ce devoir recommandent à leurs enfants de ne pas oublier, au retour, une branche de sapin bénit qui a le mérite d'éloigner de la maison les tentations et les maléfices. Combien d'infirmités sans nom et de vieillesses désolées a, sinon guéries, du moins fortifiées, consolées, cette simple branche de sapin suspendue sur le bénitier héréditaire! Combien de chaumières sur la porte desquelles vous pourriez inscrire ce vers du *Dante*, au sujet du rameau bénit : *Que l'esprit méprise tant qu'il voudra ces croyances naïves; la foi vaut bien la science, car elle est la meilleure amie des pauvres.*

La pieuse coutume des saints pèlerinages se conserve encore dans notre Midi, et l'on y trouve plusieurs vestiges de la foi primitive; mais, c'est principalement dans les montagnes qu'il faut chercher les dernières lueurs du flambeau qui vacille et semble près de s'éteindre, pour se ranimer et briller d'un éclat nouveau. Les populations du Vivarais ont conservé leur type, leur caractère distinctif.—En visitant la Louvesc, on se sent dominé par un sentiment religieux; l'esprit se reporte au temps où saint François-Régis sanctifiait ces lieux par ses vertus; son souvenir est là vivant! —Voilà l'église qui fut témoin de son ardeur pieuse, et où l'on entendit la sainteté de sa parole! —Voilà la fontaine où se sont opérés plusieurs miracles! — Voilà enfin ce lieu vénéré qui fait naître des sentiments religieux. — Quelle page d'histoire empreinte des parfums d'une croyance si pure!

JEAN-FRANÇOIS-RÉGIS naquit le 31 janvier de l'année 1597, au village de Foncouvert, diocèse de Narbonne. Il reçut le jour de parents aussi distingués par leur noblesse que par leurs vertus. Les bons exemples, plus puissants encore que les bonnes leçons, le formèrent dès son jeune âge à la piété. Aussi timide que modeste, il évitait de se produire; on ne le vit jamais prendre part aux amusements et aux jeux qu'on permet à la jeunesse; son temps se partageait entre la prière et l'étude. « Ce fut à Béziers, au collége des jésuites, alors si florissants, que le jeune Régis se consacra à son instruction; il fuyait les divertissements de son âge, et recherchait ses plaisirs dans les exercices de la piété, dans la lecture de la *Vie des Saints* ; » sa tenue à l'église, sa ferveur au pied des autels, ses ardentes prières, excitaient autant d'étonnement que d'édification. « Une voix intérieure sembla lui dire qu'il était appelé à travailler au salut des âmes dans la compagnie de Jésus, et il alla faire son noviciat à Toulouse en 1616. Doué, par la nature, des plus heureuses dispositions; joignant le devoir au travail le plus soutenu, il fit des progrès rapides. » — Régis fut bientôt en possession de cette estime et de ce respect qui suivent celui dont on recherche la parole et dont on écoute les conseils; mais, toujours humble et fervent, s'il étonnait par son jugement sain, par son esprit excellent, il édifiait bien mieux encore par l'exemple de ses vertus. En 1618, il fut envoyé à Cahors pour achever sa rhétorique, et, l'année suivante, il se rendit à Tournon pour y faire sa philosophie. Comme sa vie était un modèle d'obéissance, de piété et de recueillement, on l'appelait communément *l'Ange du collége;* son zèle pour le salut des âmes commença à se manifester; il sollicita et obtint la permission de catéchiser les domestiques et les pauvres de la ville; c'est ainsi qu'il se forma au ministère évangélique et surtout à l'instruction du peuple. Lorsqu'il eut terminé sa philosophie, on le chargea successivement de l'enseignement des humanités à Billon, à Auch et enfin au Puy, et, dans ces nouveaux devoirs, il mit tout en œuvre pour inspirer aux jeunes gens dont il était chargé l'amour de l'étude et de la vertu. Non content de faire naître dans leur cœur tous ses bons sentiments, il s'efforçait encore de les édifier par ses pieux exemples. Cette noble conduite fit distinguer la supériorité de son cœur, sa piété et sa grande innocence de mœurs. Après sept ans de professorat, il alla à Toulouse faire ses études de théologie; là, comme partout, il montra la même ferveur, la même ponctualité dans les moindres pratiques; chaque jour, dit la *Vie des Saints*, on le voyait se retirer seul dans des lieux écartés, et là, plein de la pensée de Dieu, il s'entretenait avec lui ; sa prière la plus ordinaire était de demander à Dieu la grâce de ne pas lui déplaire et de remplir en tout sa volonté. Souvent, pendant la nuit, il se levait, et sortant secrètement de sa chambre, il allait prier dans la chapelle de la maison. Un de ses condisciples s'en étant aperçu, en avertit le supérieur qui lui dit : « Gardez-vous de troubler les douces communications de cet ange avec son Dieu. Ce jeune homme est un saint, et je serai bien trompé si l'on ne célèbre pas quelque jour sa fête dans l'église. » En effet, il y avait en lui l'expression de la piété et de l'amour divin. Dans la peinture de nos passions, on traduit l'amour par l'adoration; en parlant de saint Régis, il faut traduire l'adoration par l'amour; sa grande âme se tournait naturellement vers le grand Etre, et, à la vue de cette éternelle beauté, il éprouvait, avec une exaltation toujours croissante, ces sentiments qui le distinguèrent si éminemment.

Ce n'est qu'en 1630 que Régis reçut l'ordre de se préparer au sacerdoce; en ce moment, il sembla redoubler de piété et d'ardeur, et, lorsqu'il monta à l'autel pour offrir la victime pure, on le vit mêler ses pleurs à l'offrande.

Une si grande piété, tant de vertus devaient le rendre digne d'une des plus belles missions que Jésus-Christ ait confiées à ses ministres, l'une des plus belles œuvres de la religion. — Le christianisme n'est pas l'œuvre d'hier; placée au berceau du monde, la religion suivit le genre humain dans toutes ses phases, pour le préparer, avec une constante persévérance, aux grandes manifestations catholiques, jusqu'au moment où, saluées par les prophéties, figurées par le culte, ces manifestations si longtemps attendues reçurent enfin leur dernière, leur véritable expression dans le sublime Testament que Jésus-Christ léguait en mourant à ses apôtres. L'église accepta le legs de son divin fondateur, et l'on sait que cette précieuse hérédité ne s'éteignit jamais entre ses mains. Vainement le mal s'agitait; d'infatigables défenseurs naquirent au christianisme, et, si chaque siècle vit se renouveler la lutte, chaque siècle vit aussitôt un envoyé du ciel veiller, comme une sentinelle sous les armes, au maintien et à la conservation de la foi catholique.

Tel fut Régis; — entré dans la carrière apostolique au printemps de l'année 1631, ce chrétien sublime, cet apôtre à l'âme aimante, comprit toute l'importance, toute la sainteté de ses devoirs; il fut toujours circonspect et prudent dans les inspirations de sa foi. En 1633, l'évêque de Viviers « appela le saint apôtre dans son diocèse qui, depuis cinquante ans, était le théâtre de la guerre, le centre de funestes discordes. Le saint fut reçu avec toutes les marques de la plus profonde vénération; aussitôt après son arrivée, il partit avec le prélat qu'il accompagna dans toutes ses visites. Il faisait des missions dans tous les lieux qu'il parcourait, et partout sa parole opérait des effets surprenants ; tout cédait à l'ascendant de ses vertus et à l'entraînement de ses discours ; grands et petits , tous tombaient vaincus devant l'homme de Dieu. Le comte de la Motte-Brion, jusque-là assez pauvre chrétien et l'un de ces sages de la vague sagesse du monde, fut si touché de l'onction pénétrante avec laquelle le saint homme annonçait la parole de Dieu, qu'il entra sérieusement dans les voies de la pénitence , et se voua entièrement à la pratique des bonnes œuvres et des vertus chrétiennes. » C'est ainsi que saint Régis préluda à son apostolat.

Après plusieurs conversions non moins éclatantes, et après plusieurs miracles dont il est impossible de nier l'authenticité , Régis alla continuer ses missions à Privas , et ses prédications portèrent là , comme ailleurs , des fruits abondants ; il poursuivit sa carrière avec une admirable constance , avec un dévouement sans bornes.

C'était sur les montagnes et dans les vallées du Vivarais , au milieu des glaces et des neiges , sous l'influence d'un climat désastreux que s'exerçait son zèle. Ah ! certes, dans cette vie d'apôtre, vie errante et mille fois exposée , il y avait assez d'héroïques sacrifices pour contenter l'âme la plus ardente, pour contenir même le zèle de la plus sainte volonté; mais, il n'est pas de dévouement que la religion chrétienne n'ait fait naître, point de sacrifice qu'elle n'ait inspiré. Les hommes qui , comme saint Régis, ont parcouru , les yeux levés au ciel , leur laborieuse carrière , ont obtenu une gloire que les passions humaines ne peuvent donner, ni ravir, et une couronne qui console de celles de la terre.

On aimait ce digne apôtre qui, armé seulement de la puissance de ses convictions, ne parlait aux passions que pour les terrasser; sa physionomie douce et bienveillante était l'image de son cœur; il semblait vouloir cacher, sous un air riant, le grand caractère de son âme, et, sous les dehors d'une aimable simplicité, l'éclat de sa naissance. Tenant toujours le Christ entre ses mains, il appliquait ses lèvres sur cette image sacrée, comme pour y puiser l'ardeur de cet amour divin qui réconcilia le ciel avec la terre, et, dans l'effusion de son âme, il cherchait, pour ainsi dire, à aspirer l'immortalité.

Témoin des terribles effets de l'impiété, cet héroïque propagateur de la foi redouble d'efforts, il va au Puy. — Non content de donner partout de salutaires enseignements, il combat le péché sous toutes ses formes; les liaisons entre les personnes de différent sexe lui paraissaient dangereuses, et comme il avait cherché à les détruire, « plusieurs jeunes débauchés, appartenant aux premières familles du Puy, ayant formé le dessein de tirer de lui une épouvantable vengeance, allèrent le chercher à l'église; Régis s'avança vers eux sans rien craindre : Vous venez, dit-il en les abordant, dans le but de m'arracher la vie; *ce n'est pas la mort que vous voulez me donner qui m'effraie, mais la damnation éternelle de vos âmes.* Etonnés, immobiles, ces jeunes gens se jetèrent dans ses bras et sollicitèrent sa bénédiction. Tel est l'empire de la vertu, elle attire les respects de ceux même qui ne la pratiquent pas; elle est cette puissance qu'on ne peut nier et dont il faut subir l'influence salutaire. La bonté du cœur était l'une des plus grandes vertus de Régis. Lorsque Dieu, dit Bossuet, forma le cœur et les entrailles de l'homme, il y mit premièrement la bonté comme la marque de cette main bienfaisante dont nous sortons. »

A cette esquisse, il serait facile de faire succéder le tableau des vertus pastorales de Régis ; le pauvre surtout louait les bienfaits de sa charité prévoyante ; l'habitant des campagnes racontait ses courses apostoliques que l'intempérie des saisons ne pouvait arrêter. Il serait facile de parler aussi de cette simplicité de mœurs, digne des premiers jours de l'Eglise, de ce courage dans l'accomplissement de ses devoirs, de cette résignation qui fit la gloire des confesseurs de la foi et de cette sobriété exemplaire qui rappelle les anciens solitaires de la Thébaïde.

Dans sa vigilance pastorale, il arrêta ses regards sur LA LOUVESC, et, après avoir terminé ses travaux apostoliques à Montfaucon, il se prépara pour la mission de la Louvesc ; mais, comme ses courses dans les montagnes du Velay, du Vivarais et des Cévennes avaient épuisé ses forces, et qu'il avait un pressentiment de sa fin prochaine, il voulut aller au Puy pour y faire une retraite et s'y préparer à la mort. Malgré ses souffrances, il se trouva à la Louvesc pour la veille de Noël, comme il le désirait. Les fatigues de ce voyage qu'il fit, pour ainsi dire, à pied et dans des chemins horribles, déterminèrent presque sur-le-champ une pleurésie accompagnée d'une fièvre ardente ; son mal augmentait de jour en jour ; mais, n'écoutant que l'ardeur de son zèle, il avait prêché trois fois le jour de Noël ; il semblait que le courage lui avait rendu ses forces ; cependant, les hommes de l'art décidèrent que le mal était sans remède. Son visage ne perdit rien de sa sérénité, il était calme, ses lèvres ne laissaient échapper que des soupirs ardents vers le ciel ; il reçut les sacrements, dernières provisions du chrétien pour le départ éternel.

Lorsque la mort arriva, Régis ne fut pas troublé, il priait Dieu de le recevoir avec bénignité, et, au moment d'expirer, il dit à son compagnon : « O mon frère ! quel bonheur ! que je meurs content ! *je vois Jésus et Marie qui daignent venir à moi, pour me conduire dans le fortuné séjour des saints.* » Un instant après, il joignit les mains, puis, levant les yeux au ciel, il rendit doucement l'esprit.

Ainsi s'éteignit ce prêtre sublime qui sut trouver une solide grandeur dans la pratique austère des vertus. Saint Régis ne mourut pas de maladie, il s'éteignit ; la mort ne vint pas le frapper, la vie se retira de son corps épuisé de fatigue et de travail.

Sa carrière ne fut qu'un sacrifice continuel, une perpétuelle effusion de charité, dont l'activité inquiète distribuait partout le pain de la parole divine, et cherchait constamment à ouvrir quelques âmes infidèles aux clartés de l'Evangile.

Homme de bien et de sublime vertu ! tu vécus trop peu pour les hommes ; le ciel se montre quelquefois jaloux de ses bienfaits ; il retire à lui, pour les couronner de sa gloire immortelle, les âmes pures et presque divines qu'il ne fit que prêter à la terre !!!!

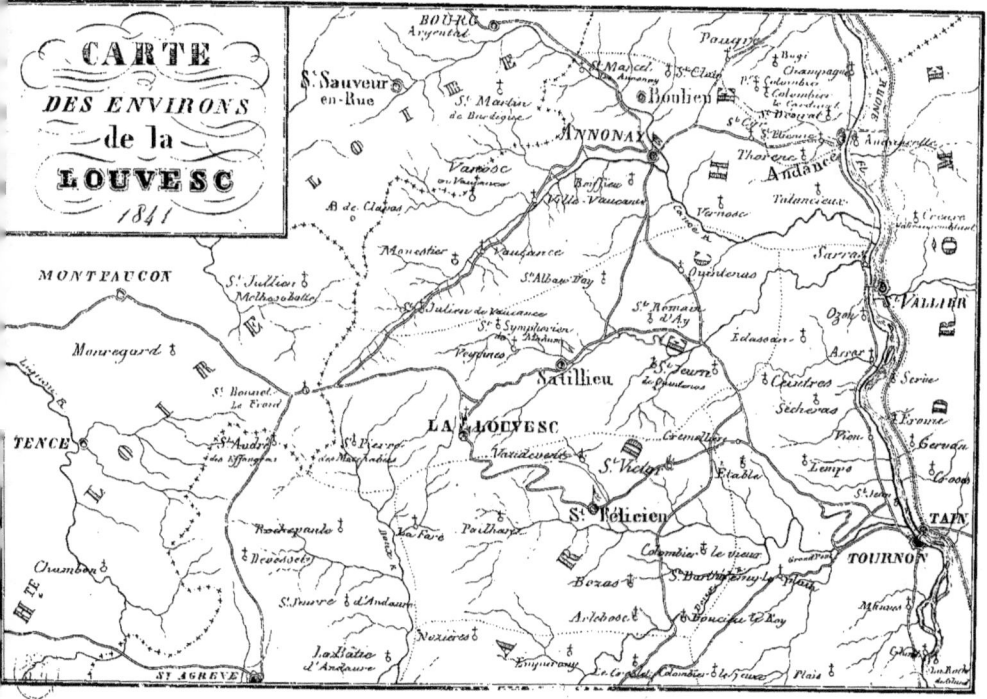

CARTE DES ENVIRONS de la LOUVESC 1841

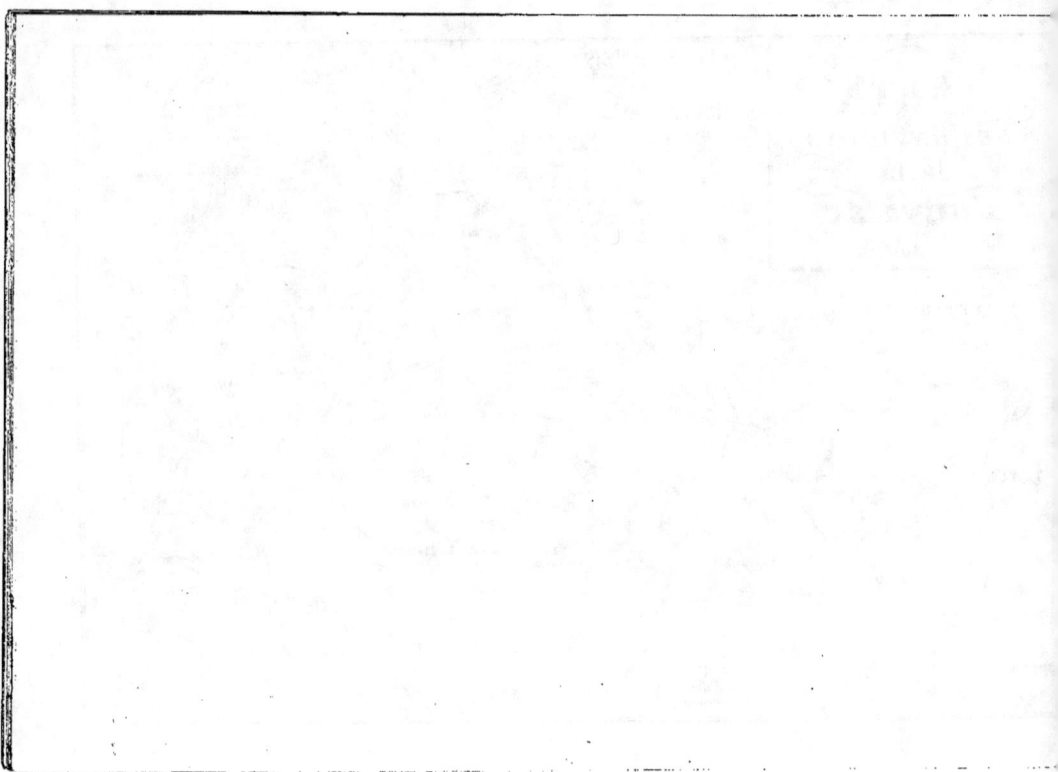

ITINÉRAIRE.

ROUTE DU PUY A LA LOUVESC,

Par Yssengeaux, Montfaucon, Saint-Bonnet-le-Froid, 11 heures 1/2 de marche.

Du Puy à Yssengeaux, 4 heures 1/2.

D'Yssengeaux à Montfaucon, 3 heures.

De Montfaucon (1) à Saint-Bonnet-le-Froid, 2 heures.

De Saint–Bonnet–le–Froid (2) (planche 9) à la Louvesc, 2 heures.

ROUTE D'ANNONAY A LA LOUVESC,

4 heures 1/2 de marche.

D'Annonay (planche 10) à Satilleu (3), 2 heures 1/2.

Il y a deux routes pour se rendre de Satilleu à la Louvesc : l'une pour les voitures, et l'autre, appelée *Coursière*, pour les personnes à pied.

De Satilleu (planche 11) à la Louvesc, par la grande route, 2 h.; par la Coursière, 1 h. 1/2.

---

(1) A Montfaucon, on peut s'arrêter chez Desfrançais et chez Deschomel.

(2) A Saint-Bonnet-le-Froid, chez Bernard et chez les frères Mourgue.

(3) A Satilleu, on peut s'arrêter, au Lion-d'Or, chez Celle, traiteur, ou, à l'Arrivée-des-Pèlerins, chez Coste.

ROUTE DE TOURNON A LA LOUVESC,

7 heures 1/2 de marche.

Il y a deux routes pour se rendre de Tournon à la Louvesc, toutes deux se réunissent un peu avant un petit hameau appelé *Cremolière*. L'une pour les voitures, passant par le Grand-Pont sur le Doux, et l'autre, par la côte Sainte-Epine, pour les personnes à cheval et à pied ; ce raccourci abrége d'une heure.

De Tournon (planche 12) au Grand-Pont, 1 heure.

Du Grand-Pont (planche 13) à Saint-Victor, 3 heures (1).

Deux routes se présentent de Saint-Victor à la Louvesc : l'une pour les personnes en voitures et à cheval, par Saint-Félicien, et l'autre pour les personnes à pied, par la côte Vaudevent. Pour la suivre, on prend le chemin de suite après avoir traversé un grand pont (pont de la Gerle) qui se trouve quelques minutes avant d'arriver à Saint-Félicien que l'on a déjà aperçu de loin (planche 15).

De Saint-Victor (planche 14) à Saint-Félicien (2), 1 heure.

De Saint-Félicien à la Louvesc , 2 heures 1/2.

Du pont de la Gerle à la Louvesc (3), par la côte Vaudevent, 2 heures.

(1) Saint-Victor est à peu près à moitié chemin de Tournon à la Louvesc ; on peut s'y arrêter chez Bernard ou chez Baudy.

(2) On peut s'arrêter, à Saint-Félicien , chez Cotte et chez la veuve Chièze, place du Marché.

(3) Le village de la Louvesc est rempli d'hôtels et d'auberges au service des pèlerins. Les principaux sont : l'hôtel des Trois-Pigeons, chez Teissier, et l'hôtel Costet.

A. M. D. G.

ÉPOQUES DES RETRAITES.

Les retraites que les missionnaires de la Louvesc donnent dans leur maison aux ecclésiastiques et aux laïques sont aux époques suivantes :

Pour MM. les ecclésiastiques,

La première, le mardi qui suit le 31 mai (par conséquent huit jours après, si le 31 était un mardi, et il en est de même pour les six époques suivantes);

La deuxième, le mardi qui suit le 27 juin ;

La troisième, le mardi qui suit le 11 juillet ;

La quatrième, le mardi qui suit le 25 juillet ;

La cinquième, le mardi qui suit le 17 août ;

La sixième , le mardi qui suit le 5 septembre ;

La septième, le mardi quit suit le 19 septembre.

L'ouverture se fait les mardis indiqués, à six heures du soir.

Les prêtres devront être munis d'un *celebret*, à moins qu'ils ne soient déjà connus ou qu'ils ne viennent avec quelque prêtre connu.

Pour les laïques,

La première , le 15 juillet ;

La deuxième , le 1er août ;

La troisième, le 15 août ;

La quatrième, le 3 septembre ;

Ces quatre époques sont les seules auxquelles on puisse les admettre.

L'ouverture se fait aux jours ci-dessus indiqués, à six heures du soir.

Les retraites que les dames de Saint-Régis donnent dans leur maison à la Louvesc sont fixées au 1er et au 15 de chaque mois, à partir du 1er mai jusqu'au 1er novembre exclusivement ; elles donnent encore des retraites dans leur maison à Tournon, depuis le 1er novembre jusqu'au 1er mai.

St JEAN FRANÇOIS RÉGIS.

Imp. lith. de C. Pigeron.

Pl. 2.

CHAPELLE ET TOMBEAU DE S.ᵗ RÉGIS.

Ô n'est pas la mort que vous voulez me donner qui m'effraie,
mais la damnation éternelle de vos âmes.
Page 14.

Pl. 4.

Ô mon frère! quel bonheur! que je meurs content! je vois Jésus et Marie
qui daignent venir à moi pour me conduire dans le séjour des Saints.
Page 16.

Pl. 5.

LA LOUVESC

Vue du chemin de St. Félicien.

Pl. 6.

LA LOUVESC
Vue du chemin de la Fontaine.

Pl. 7.

ROUTE DE LA LOUVESC.
Intérieur d'une forêt de sapins.

Pl. 8

LA FONTAINE.

Pl. 9.

ST BONNET-LE-FROID.

Pl. 10.

ANNONAY.

Pl. 11.

SATILLEU.

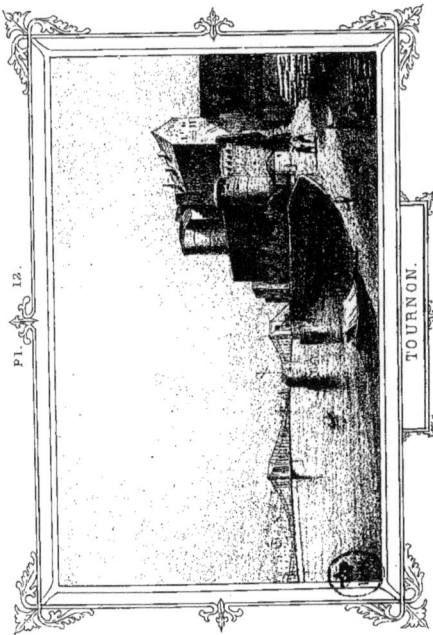

Pl. 12.

TOURNON.

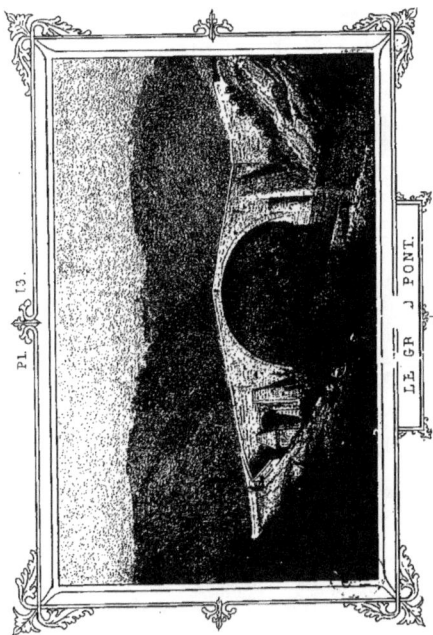

Pl. 13.

LE GR   J PONT.

Pl. 14.

St VICTOR.

Pl. 15.

St FÉLICIEN.